TRANZLATY

El idioma es para todos

Jazyk je pre každého

La Bella y la Bestia

Kráska a Zviera

Gabrielle-Suzanne Barbot de Villeneuve

Español / Slovenčina

Copyright © 2025 Tranzlaty
All rights reserved
Published by Tranzlaty
ISBN: 978-1-80572-092-8
Original text by Gabrielle-Suzanne Barbot de Villeneuve
La Belle et la Bête
First published in French in 1740
Taken from The Blue Fairy Book (Andrew Lang)
Illustration by Walter Crane
www.tranzlaty.com

Había una vez un rico comerciante
Bol raz jeden bohatý obchodník
Este rico comerciante tuvo seis hijos.
tento bohatý obchodník mal šesť detí
Tenía tres hijos y tres hijas.
mal troch synov a tri dcéry
No escatimó en gastos para su educación
nešetril na ich vzdelávaní
Porque era un hombre sensato
pretože to bol rozumný muž
pero dio a sus hijos muchos siervos
ale svojim deťom dal veľa sluhov
Sus hijas eran extremadamente bonitas
jeho dcéry boli veľmi pekné
Y su hija menor era especialmente bonita.
a jeho najmladšia dcéra bola obzvlášť pekná
Desde niña ya admiraban su belleza
už ako dieťa obdivovali jej krásu
y la gente la llamaba por su belleza
a ľudia ju volali podľa jej krásy
Su belleza no se desvaneció a medida que envejecía.
starnutím jej krása nevybledla
Así que la gente seguía llamándola por su belleza.
tak ju ľudia stále volali podľa jej krásy
Esto puso muy celosas a sus hermanas.
to spôsobilo, že jej sestry veľmi žiarli
Las dos hijas mayores tenían mucho orgullo.
dve najstaršie dcéry mali veľkú dávku hrdosti
Su riqueza era la fuente de su orgullo.
ich bohatstvo bolo zdrojom ich hrdosti
y tampoco ocultaron su orgullo
a ani oni neskrývali svoju hrdosť
No visitaron a las hijas de otros comerciantes.
nenavštevovali dcéry iných obchodníkov
Porque sólo se encuentran con la aristocracia.
pretože sa stretávajú len s aristokraciou

Salían todos los días a fiestas.
chodili každý deň na párty
bailes, obras de teatro, conciertos, etc.
plesy, hry, koncerty a pod
y se rieron de su hermana menor
a smiali sa svojej najmladšej sestre
Porque pasaba la mayor parte del tiempo leyendo
pretože väčšinu času trávila čítaním
Era bien sabido que eran ricos
bolo dobre známe, že sú bohatí
Así que varios comerciantes eminentes pidieron su mano.
tak ich o ruku požiadalo niekoľko významných obchodníkov
pero dijeron que no se iban a casar
ale povedali, že sa nebudú vydávať
Pero estaban dispuestos a hacer algunas excepciones.
ale boli pripravení urobiť nejaké výnimky
"Quizás podría casarme con un duque"
"Možno by som sa mohol vydať za vojvodu"
"Supongo que podría casarme con un conde"
"Myslím, že by som sa mohol vydať za grófa"
Bella agradeció muy civilizadamente a quienes le propusieron matrimonio.
kráska veľmi civilne poďakovala tým, ktorí ju navrhli
Ella les dijo que todavía era demasiado joven para casarse.
povedala im, že je ešte príliš mladá na to, aby sa vydala
Ella quería quedarse unos años más con su padre.
chcela zostať ešte pár rokov so svojím otcom
De repente el comerciante perdió su fortuna.
Obchodník zrazu prišiel o svoje bohatstvo
Lo perdió todo excepto una pequeña casa de campo.
stratil všetko okrem malého vidieckeho domu
Y con lágrimas en los ojos les dijo a sus hijos:
a svojim deťom so slzami v očiach povedal:
"Tenemos que ir al campo"
"musíme ísť na vidiek"
"y debemos trabajar para vivir"

"a musíme pracovať, aby sme sa uživili"
Las dos hijas mayores no querían abandonar el pueblo.
dve najstaršie dcéry nechceli opustiť mesto
Tenían varios amantes en la ciudad.
mali v meste viacero milencov
y estaban seguros de que uno de sus amantes se casaría con ellos
a boli si istí, že jeden z ich milencov si ich vezme
Pensaban que sus amantes se casarían con ellos incluso sin fortuna.
mysleli si, že ich milenci si ich vezmú aj bez bohatstva
Pero las buenas damas estaban equivocadas.
ale dobré dámy sa mýlili
Sus amantes los abandonaron muy rápidamente
ich milenci ich veľmi rýchlo opustili
porque ya no tenían fortuna
pretože už nemali žiadne bohatstvo
Esto demostró que en realidad no eran muy queridos.
to ukázalo, že v skutočnosti neboli veľmi radi
Todos dijeron que no merecían compasión.
všetci povedali, že si nezaslúžia byť poľutovaní
"Nos alegra ver su orgullo humillado"
"sme radi, že vidíme pokornú ich hrdosť"
"Que se sientan orgullosos de ordeñar vacas"
"nech sú hrdí na dojenie kráv"
Pero estaban preocupados por Bella.
ale starali sa o krásu
Ella era una criatura tan dulce
bola taká milá bytosť
Ella hablaba tan amablemente a la gente pobre.
tak láskavo hovorila k chudobným ľuďom
Y ella era de una naturaleza tan inocente.
a bola takej nevinnej povahy
Varios caballeros se habrían casado con ella.
Viacerí páni by si ju vzali
Se habrían casado con ella aunque fuera pobre

boli by si ju vzali, hoci bola chudobná
pero ella les dijo que no podía casarlos
ale povedala im, že si ich nemôže vziať
porque ella no dejaría a su padre
pretože by neopustila svojho otca
Ella estaba decidida a ir con él al campo.
bola rozhodnutá ísť s ním na vidiek
para que ella pudiera consolarlo y ayudarlo
aby ho mohla utešiť a pomôcť mu
La pobre belleza estaba muy triste al principio.
Úbohá kráska bola najprv veľmi zarmútená
Ella estaba afligida por la pérdida de su fortuna.
bola zarmútená stratou majetku
"Pero llorar no cambiará mi suerte"
"ale plač nezmení moje šťastie"
"Debo intentar ser feliz sin riquezas"
"Musím sa pokúsiť urobiť sám seba šťastným bez bohatstva"
Llegaron a su casa de campo
prišli do svojho vidieckeho domu
y el comerciante y sus tres hijos se dedicaron a la agricultura
a obchodník a jeho traja synovia sa venovali poľnohospodárstvu
Bella se levantó a las cuatro de la mañana.
krása vstala o štvrtej ráno
y se apresuró a limpiar la casa
a ponáhľala sa upratať dom
y se aseguró de que la cena estuviera lista
a uistila sa, že večera je pripravená
Al principio encontró su nueva vida muy difícil.
na začiatku znášala svoj nový život veľmi ťažko
porque no estaba acostumbrada a ese tipo de trabajo
pretože na takúto prácu nebola zvyknutá
Pero en menos de dos meses se hizo más fuerte.
ale za necelé dva mesiace zosilnela
Y ella estaba más sana que nunca.
a bola zdravšia ako kedykoľvek predtým

Después de haber hecho su trabajo, leyó
po vykonaní práce čítala
Ella tocaba el clavicémbalo
hrala na čembale
o cantaba mientras hilaba seda
alebo spievala, kým prala hodváb
Por el contrario, sus dos hermanas no sabían cómo pasar el tiempo.
naopak, jej dve sestry nevedeli tráviť čas
Se levantaron a las diez y no hicieron nada más que holgazanear todo el día.
vstávali o desiatej a nerobili nič iné, len celý deň leňošili
Lamentaron la pérdida de sus hermosas ropas.
nariekali nad stratou svojich pekných šiat
y se quejaron de perder a sus conocidos
a sťažovali sa, že stratili svojich známych
"Mirad a nuestra hermana menor", se dijeron.
„Pozri sa na našu najmladšiu sestru," povedali si
"¡Qué criatura tan pobre y estúpida es!"
"aké úbohé a hlúpe stvorenie to je"
"Es mezquino contentarse con tan poco"
"je zlé uspokojiť sa s tak málo"
El amable comerciante tenía una opinión muy diferente.
ten druh obchodníka bol celkom iného názoru
Él sabía muy bien que Bella eclipsaba a sus hermanas.
veľmi dobre vedel, že krása prevyšuje jej sestry
Ella los eclipsó tanto en carácter como en mente.
prevyšovala ich charakterom aj mysľou
Él admiraba su humildad y su arduo trabajo.
obdivoval jej pokoru a pracovitosť
Pero sobre todo admiraba su paciencia.
no najviac zo všetkého obdivoval jej trpezlivosť
Sus hermanas le dejaron todo el trabajo por hacer.
jej sestry jej nechali všetku prácu
y la insultaban a cada momento
a každú chvíľu ju urážali

La familia había vivido así durante aproximadamente un año.
Rodina takto žila asi rok
Entonces el comerciante recibió una carta de un contable.
potom obchodník dostal list od účtovníka
Tenía una inversión en un barco.
mal investíciu do lode
y el barco había llegado sano y salvo
a loď bezpečne dorazila
Esta noticia hizo que las dos hijas mayores se volvieran locas.
Jeho správa obrátila hlavy dvoch najstarších dcér
Inmediatamente tuvieron esperanzas de regresar a la ciudad.
okamžite mali nádej na návrat do mesta
Porque estaban bastante cansados de la vida en el campo.
pretože boli dosť unavení z vidieckeho života
Fueron a ver a su padre cuando él se iba.
išli k otcovi, keď odchádzal
Le rogaron que les comprara ropa nueva
prosili ho, aby im kúpil nové šaty
Vestidos, cintas y todo tipo de cositas.
šaty, stuhy a všelijaké drobnosti
Pero Bella no pedía nada.
ale krása si nič nepýtala
Porque pensó que el dinero no sería suficiente.
pretože si myslela, že tie peniaze nebudú stačiť
No habría suficiente para comprar todo lo que sus hermanas querían.
nebolo by dosť na to, aby si kúpila všetko, čo jej sestry chceli
- ¿Qué te gustaría, Bella? -preguntó su padre.
"Čo by si chcela, kráska?" spýtal sa jej otec
"Gracias, padre, por la bondad de pensar en mí", dijo.
"Ďakujem ti, otec, že si na mňa myslel," povedala
"Padre, ten la amabilidad de traerme una rosa"
"Otec, buď taký láskavý a prines mi ružu"
"Porque aquí en el jardín no crecen rosas"

"pretože tu v záhrade nerastú ruže"
"y las rosas son una especie de rareza"
"a ruže sú druh vzácnosti"
A Bella realmente no le importaban las rosas
krása naozaj nestála o ruže
Ella solo pidió algo para no condenar a sus hermanas.
žiadala len niečo, aby neodsúdila svoje sestry
Pero sus hermanas pensaron que ella pidió rosas por otros motivos.
ale jej sestry si mysleli, že žiadala ruže z iných dôvodov
"Lo hizo sólo para parecer especial"
"urobila to len preto, aby vyzerala zvlášť"
El hombre amable continuó su viaje.
Milý muž sa vydal na cestu
pero cuando llego discutieron sobre la mercancia
ale keď prišiel, dohadovali sa o tovare
Y después de muchos problemas volvió tan pobre como antes.
a po mnohých problémoch sa vrátil taký chudobný ako predtým
Estaba a un par de horas de su propia casa.
bol do pár hodín od svojho domu
y ya imaginaba la alegría de ver a sus hijos
a už si predstavoval tú radosť, keď vidí svoje deti
pero al pasar por el bosque se perdió
ale pri prechode lesom sa stratil
Llovió y nevó terriblemente
strašne pršalo a snežilo
El viento era tan fuerte que lo arrojó del caballo.
vietor bol taký silný, že ho zhodil z koňa
Y la noche se acercaba rápidamente
a noc sa rýchlo blížila
Empezó a pensar que podría morir de hambre.
začal si myslieť, že by mohol hladovať
y pensó que podría morir congelado
a myslel si, že by mohol zamrznúť

y pensó que los lobos podrían comérselo
a myslel si, že ho môžu zjesť vlci
Los lobos que oía aullar a su alrededor
vlci, ktorých počul zavýjať všade okolo seba
Pero de repente vio una luz.
ale zrazu uvidel svetlo
Vio la luz a lo lejos entre los árboles.
videl svetlo v diaľke cez stromy
Cuando se acercó vio que la luz era un palacio.
keď prišiel bližšie, videl, že svetlo je palác
El palacio estaba iluminado de arriba a abajo.
palác bol osvetlený zhora nadol
El comerciante agradeció a Dios por su suerte.
obchodník ďakoval Bohu za šťastie
y se apresuró a ir al palacio
a ponáhľal sa do paláca
Pero se sorprendió al no ver gente en el palacio.
bol však prekvapený, že v paláci nevidel žiadnych ľudí
El patio estaba completamente vacío.
dvorný dvor bol úplne prázdny
y no había señales de vida en ninguna parte
a nikde nebolo ani stopy po živote
Su caballo lo siguió hasta el palacio.
jeho kôň ho nasledoval do paláca
y luego su caballo encontró un gran establo
a potom jeho kôň našiel veľkú stajňu
El pobre animal estaba casi muerto de hambre.
úbohé zviera takmer vyhladovalo
Entonces su caballo fue a buscar heno y avena.
a tak vošiel jeho kôň hľadať seno a ovos
Afortunadamente encontró mucho para comer.
našťastie našiel veľa jedla
y el mercader ató su caballo al pesebre
a kupec priviazal koňa k jasliam
Caminando hacia la casa no vio a nadie.
kráčajúc smerom k domu nikoho nevidel

Pero en un gran salón encontró un buen fuego.
ale vo veľkej sieni našiel dobrý oheň
y encontró una mesa puesta para uno
a našiel prestretý stôl pre jedného
Estaba mojado por la lluvia y la nieve.
bol mokrý od dažďa a snehu
Entonces se acercó al fuego para secarse.
tak sa priblížil k ohňu, aby sa osušil
"Espero que el dueño de la casa me disculpe"
"Dúfam, že ma pán domu ospravedlní."
"Supongo que no tardará mucho en aparecer alguien"
"Predpokladám, že to nebude trvať dlho, kým sa niekto objaví"
Esperó un tiempo considerable
Čakal dosť dlho
Esperó hasta que dieron las once y todavía no venía nadie.
počkal, kým odbila jedenásť, a stále nikto neprichádzal
Al final tenía tanta hambre que no podía esperar más.
konečne bol taký hladný, že už nemohol čakať
Tomó un poco de pollo y se lo comió en dos bocados.
vzal si kura a zjedol ho na dva sústo
Estaba temblando mientras comía la comida.
triasol sa pri jedle
Después de esto bebió unas copas de vino.
potom vypil niekoľko pohárov vína
Cada vez más valiente, salió del salón.
nabral odvahu a vyšiel zo sály
y atravesó varios grandes salones
a prešiel cez niekoľko veľkých sál
Caminó por el palacio hasta llegar a una cámara.
prechádzal palácom, až prišiel do komnaty
Una habitación que tenía una cama muy buena.
komora, v ktorej bolo mimoriadne dobré lôžko
Estaba muy fatigado por su terrible experiencia.
bol veľmi unavený zo svojho utrpenia
Y ya era pasada la medianoche

a čas bol už po polnoci
Entonces decidió que era mejor cerrar la puerta.
tak sa rozhodol, že bude najlepšie zavrieť dvere
y concluyó que debía irse a la cama
a dospel k záveru, že by mal ísť spať
Eran las diez de la mañana cuando el comerciante se despertó.
Bolo desať hodín ráno, keď sa obchodník zobudil
Justo cuando iba a levantarse vio algo
práve keď sa chystal vstať, niečo uvidel
Se sorprendió al ver un conjunto de ropa limpia.
bol užasnutý, keď videl čisté oblečenie
En el lugar donde había dejado su ropa sucia.
na mieste, kde nechal svoje špinavé oblečenie
"Seguramente este palacio pertenece a algún tipo de hada"
"určite tento palác patrí nejakej milej víle"
" Un hada que me ha visto y se ha compadecido de mí"
" víla , ktorá ma videla a zľutovala sa"
Miró por una ventana
pozrel cez okno
Pero en lugar de nieve vio el jardín más delicioso.
ale namiesto snehu videl tú najúžasnejšiu záhradu
Y en el jardín estaban las rosas más hermosas.
a v záhrade boli najkrajšie ruže
Luego regresó al gran salón.
potom sa vrátil do veľkej sály
El salón donde había tomado sopa la noche anterior.
sála, kde mal večer predtým polievku
y encontró un poco de chocolate en una mesita
a na malom stolíku našiel čokoládu
"Gracias, buena señora hada", dijo en voz alta.
„Ďakujem, dobrá madam Fairy," povedal nahlas
"Gracias por ser tan cariñoso"
"ďakujem, že sa tak staráš"
"Le estoy sumamente agradecido por todos sus favores"
"Som vám nesmierne zaviazaný za všetku vašu priazeň."

El hombre amable bebió su chocolate.
láskavý muž vypil svoju čokoládu
y luego fue a buscar su caballo
a potom išiel hľadať svojho koňa
Pero en el jardín recordó la petición de Bella.
ale v záhrade si spomenul na prosbu krásy
y cortó una rama de rosas
a odrezal vetvu ruží
Inmediatamente oyó un gran ruido
hneď začul veľký hluk
y vio una bestia terriblemente espantosa
a videl strašne strašnú šelmu
Estaba tan asustado que estaba a punto de desmayarse.
bol taký vystrašený, že bol pripravený omdlieť
-Eres muy desagradecido -le dijo la bestia.
„Si veľmi nevďačný," povedala mu beštia
Y la bestia habló con voz terrible
a šelma prehovorila hrozným hlasom
"Te he salvado la vida al permitirte entrar en mi castillo"
"Zachránil som ti život tým, že som ťa pustil do môjho hradu."
"¿Y a cambio me robas mis rosas?"
"A za to mi na oplátku kradneš ruže?"
"Las rosas que valoro más que nada"
"Ruže, ktoré si vážim viac než čokoľvek"
"Pero morirás por lo que has hecho"
"ale zomrieš za to, čo si urobil"
"Sólo te doy un cuarto de hora para que te prepares"
"Dávam ti štvrťhodinu na prípravu."
"Prepárate para la muerte y di tus oraciones"
"Priprav sa na smrť a povedz svoje modlitby"
El comerciante cayó de rodillas
obchodník padol na kolená
y alzó ambas manos
a zdvihol obe ruky
"Mi señor, le ruego que me perdone"
"Môj pane, prosím ťa, odpusť mi"

"No tuve intención de ofenderte"
"Nemal som v úmysle ťa uraziť"
"Recogí una rosa para una de mis hijas"
"Nazbieral som ružu pre jednu zo svojich dcér"
"Ella me pidió que le trajera una rosa"
"Požiadala ma, aby som jej priniesol ružu"
-No soy tu señor, pero soy una bestia -respondió el monstruo.
"Nie som tvoj pán, ale som zviera," odpovedalo monštrum
"No me gustan los cumplidos"
"Nemám rád komplimenty"
"Me gusta la gente que habla como piensa"
"Mám rád ľudí, ktorí hovoria ako myslia"
"No creas que me puedo conmover con halagos"
"Nepredstavujte si, že môžem byť pohnutý lichôtkami"
"Pero dices que tienes hijas"
"Ale hovoríš, že máš dcéry"
"Te perdonaré con una condición"
"Odpustím ti pod jednou podmienkou"
"Una de tus hijas debe venir voluntariamente a mi palacio"
"jedna z tvojich dcér musí dobrovoľne prísť do môjho paláca"
"y ella debe sufrir por ti"
"a ona musí pre teba trpieť"
"Déjame tener tu palabra"
"Daj mi tvoje slovo"
"Y luego podrás continuar con tus asuntos"
"a potom sa môžeš venovať svojej veci"
"Prométeme esto:"
"Sľúb mi toto:"
"Si tu hija se niega a morir por ti, deberás regresar dentro de tres meses"
"Ak vaša dcéra odmietne zomrieť za vás, musíte sa vrátiť do troch mesiacov."
El comerciante no tenía intenciones de sacrificar a sus hijas.
obchodník nemal v úmysle obetovať svoje dcéry
Pero, como le habían dado tiempo, quiso volver a ver a sus

hijas.
ale keďže dostal čas, chcel ešte raz vidieť svoje dcéry
Así que prometió que volvería.
tak sľúbil, že sa vráti
Y la bestia le dijo que podía partir cuando quisiera.
a šelma mu povedala, že môže vyraziť, keď bude chcieť
y la bestia le dijo una cosa más
a šelma mu povedala ešte jednu vec
"No te irás con las manos vacías"
"neodídeš s prázdnymi rukami"
"Vuelve a la habitación donde yacías"
"choď späť do izby, kde si ležal"
"Verás un gran cofre del tesoro vacío"
"uvidíš veľkú prázdnu truhlicu s pokladom"
"Llena el cofre del tesoro con lo que más te guste"
"naplňte truhlicu s pokladom tým, čo máte najradšej"
"y enviaré el cofre del tesoro a tu casa"
"a pošlem pokladnicu k tebe domov"
Y al mismo tiempo la bestia se retiró.
a zároveň sa šelma stiahla
"Bueno", se dijo el buen hombre.
"Nuž," povedal si dobrý muž
"Si tengo que morir, al menos dejaré algo a mis hijos"
"Ak musím zomrieť, aspoň niečo zanechám svojim deťom"
Así que regresó al dormitorio.
tak sa vrátil do spálne
y encontró una gran cantidad de piezas de oro
a našiel veľké množstvo zlata
Llenó el cofre del tesoro que la bestia había mencionado.
naplnil truhlicu s pokladom, o ktorej šelma spomínala
y sacó su caballo del establo
a vyviedol svojho koňa zo stajne
La alegría que sintió al entrar al palacio ahora era igual al dolor que sintió al salir de él.
radosť, ktorú cítil pri vstupe do paláca, sa teraz rovnala smútku, ktorý cítil pri odchode z paláca

El caballo tomó uno de los caminos del bosque.
kôň sa vybral jednou z lesných ciest
Y en pocas horas el buen hombre estaba en casa.
a o pár hodín bol dobrý muž doma
Sus hijos vinieron a él
prišli k nemu jeho deti
Pero en lugar de recibir sus abrazos con placer, los miró.
ale namiesto toho, aby s potešením prijal ich objatia, pozrel sa na nich
Levantó la rama que tenía en sus manos.
zdvihol konár, ktorý mal v rukách
y luego estalló en lágrimas
a potom sa rozplakal
"Belleza", dijo, "por favor toma estas rosas".
"Krása," povedal, "vezmite si prosím tieto ruže"
"No puedes saber lo costosas que han sido estas rosas"
"Nemôžeš vedieť, aké drahé boli tieto ruže"
"Estas rosas le han costado la vida a tu padre"
"tieto ruže stáli tvojho otca život"
Y luego contó su fatal aventura.
a potom povedal o svojom osudnom dobrodružstve
Inmediatamente las dos hermanas mayores gritaron.
okamžite vykríkli dve najstaršie sestry
y le dijeron muchas cosas malas a su hermosa hermana
a svojej krásnej sestre povedali veľa zlého
Pero Bella no lloró en absoluto.
ale kráska vôbec neplakala
"Mirad el orgullo de ese pequeño desgraciado", dijeron.
"Pozrite sa na pýchu toho malého úbožiaka," povedali
"ella no pidió ropa fina"
"nepýtala si pekné oblečenie"
"Ella debería haber hecho lo que hicimos"
"Mala urobiť to, čo sme urobili my"
"ella quería distinguirse"
"chcela sa odlíšiť"
"Así que ahora ella será la muerte de nuestro padre"

"tak teraz ona bude smrťou nášho otca"
"Y aún así no derrama ni una lágrima"
"a predsa nevyroní slzu"
"¿Por qué debería llorar?" respondió Bella
"Prečo by som mal plakať?" odpovedal krása
"Llorar sería muy innecesario"
"plač by bol veľmi zbytočný"
"mi padre no sufrirá por mí"
"Môj otec nebude pre mňa trpieť"
"El monstruo aceptará a una de sus hijas"
"monštrum prijme jednu zo svojich dcér"
"Me ofreceré a toda su furia"
"Ponúknem sa celej jeho zúrivosti"
"Estoy muy feliz, porque mi muerte salvará la vida de mi padre"
"Som veľmi šťastný, pretože moja smrť zachráni môjmu otcovi život"
"mi muerte será una prueba de mi amor"
"Moja smrť bude dôkazom mojej lásky"
-No, hermana -dijeron sus tres hermanos.
„Nie, sestra," povedali jej traja bratia
"Eso no será"
"to nebude"
"Iremos a buscar al monstruo"
"Pôjdeme nájsť monštrum"
"y o lo matamos..."
"A buď ho zabijeme..."
"...o pereceremos en el intento"
"... alebo pri pokuse zahynieme"
"No imaginéis tal cosa, hijos míos", dijo el mercader.
„Nič také si nepredstavujte, synovia," povedal obchodník
"El poder de la bestia es tan grande que no tengo esperanzas de que puedas vencerlo"
"Sila toho zvieraťa je taká veľká, že nemám nádej, že by si ho dokázal prekonať."
"Estoy encantado con la amable y generosa oferta de Bella"

"Očarila ma láskavá a veľkorysá ponuka krásy"
"pero no puedo aceptar su generosidad"
"ale nemôžem prijať jej štedrosť"
"Soy viejo y no me queda mucho tiempo de vida"
"Som starý a nebude mi dlho žiť"
"Así que sólo puedo perder unos pocos años"
"takže môžem stratiť len pár rokov"
"Tiempo que lamento por vosotros, mis queridos hijos"
"Čas, ktorý pre vás ľutujem, moje drahé deti"
"Pero padre", dijo Bella
"Ale otec," povedala kráska
"No irás al palacio sin mí"
"bezo mňa nepôjdeš do paláca"
"No puedes impedir que te siga"
"nemôžeš mi zabrániť, aby som ťa nasledoval"
Nada podría convencer a Bella de lo contrario.
nič nemohlo presvedčiť krásu o opaku
Ella insistió en ir al bello palacio.
trvala na tom, že pôjde do nádherného paláca
y sus hermanas estaban encantadas con su insistencia
a jej sestry sa potešili jej naliehaniu
El comerciante estaba preocupado ante la idea de perder a su hija.
Obchodník bol znepokojený myšlienkou, že stratí svoju dcéru
Estaba tan preocupado que se había olvidado del cofre lleno de oro.
mal také starosti, že zabudol na truhlicu plnú zlata
Por la noche se retiró a descansar y cerró la puerta de su habitación.
v noci sa utiahol na odpočinok a zavrel dvere svojej komory
Entonces, para su gran asombro, encontró el tesoro junto a su cama.
potom na svoje veľké počudovanie našiel poklad pri svojej posteli
Estaba decidido a no contárselo a sus hijos.
bol rozhodnutý, že to svojim deťom nepovie

Si lo supieran, hubieran querido regresar al pueblo.
keby to vedeli, chceli by sa vrátiť do mesta
y estaba decidido a no abandonar el campo
a bol rozhodnutý neopustiť vidiek
Pero él confió a Bella el secreto.
ale dôveroval kráse s tajomstvom
Ella le informó que dos caballeros habían llegado.
oznámila mu, že prišli dvaja páni
y le hicieron propuestas a sus hermanas
a dali návrhy jej sestrám
Ella le rogó a su padre que consintiera su matrimonio.
prosila otca, aby súhlasil s ich sobášom
y ella le pidió que les diera algo de su fortuna
a požiadala ho, aby im dal niečo zo svojho majetku
Ella ya los había perdonado.
už im odpustila
Las malvadas criaturas se frotaron los ojos con cebollas.
zlé stvorenia si pretierali oči cibuľou
Para forzar algunas lágrimas cuando se separaron de su hermana.
vynútiť si slzy, keď sa rozišli so sestrou
Pero sus hermanos realmente estaban preocupados.
ale jej bratia boli naozaj znepokojení
Bella fue la única que no derramó ninguna lágrima.
kráska jediná neronila slzy
Ella no quería aumentar su malestar.
nechcela zvyšovať ich nepokoj
El caballo tomó el camino directo al palacio.
kôň sa vybral priamou cestou do paláca
y hacia la tarde vieron el palacio iluminado
a k večeru uvideli osvetlený palác
El caballo volvió a entrar solo en el establo.
kôň sa opäť pobral do stajne
Y el buen hombre y su hija entraron en el gran salón.
a dobrý muž a jeho dcéra vošli do veľkej siene
Aquí encontraron una mesa espléndidamente servida.

tu našli skvele naservírovaný stôl
El comerciante no tenía apetito para comer
obchodník nemal chuť jesť
Pero Bella se esforzó por parecer alegre.
ale kráska sa snažila pôsobiť veselo
Ella se sentó a la mesa y ayudó a su padre.
sadla si za stôl a pomáhala otcovi
Pero también pensó para sí misma:
ale tiež si pomyslela:
"La bestia seguramente quiere engordarme antes de comerme"
"beštia ma určite chce vykrmiť skôr, ako ma zje"
"Por eso ofrece tanto entretenimiento"
"preto poskytuje takú bohatú zábavu"
Después de haber comido oyeron un gran ruido.
keď sa najedli, počuli veľký hluk
Y el comerciante se despidió de su desdichado hijo con lágrimas en los ojos.
a obchodník sa so slzami v očiach lúčil so svojím nešťastným dieťaťom
Porque sabía que la bestia venía
pretože vedel, že zviera prichádza
Bella estaba aterrorizada por su horrible forma.
kráska bola vydesená z jeho hroznej podoby
Pero ella tomó coraje lo mejor que pudo.
ale nabrala odvahu, ako len mohla
Y el monstruo le preguntó si venía voluntariamente.
a netvor sa jej spýtal, či prišla dobrovoľne
-Sí, he venido voluntariamente -dijo temblando.
"Áno, prišla som dobrovoľne," povedala rozochvená
La bestia respondió: "Eres muy bueno"
šelma odpovedala: "Si veľmi dobrý"
"Y te lo agradezco mucho, hombre honesto"
"A som ti veľmi zaviazaný, čestný človeče"
"Continuad vuestro camino mañana por la mañana"
"choď si svojou cestou zajtra ráno"

"Pero nunca pienses en venir aquí otra vez"
"ale nikdy nepomýšľaj sem znova prísť"
"Adiós bella, adiós bestia", respondió.
"Zbohom kráska, zbohom zviera," odpovedal
Y de inmediato el monstruo se retiró.
a hneď sa netvor stiahol
"Oh, hija", dijo el comerciante.
"Ach, dcéra," povedal obchodník
y abrazó a su hija una vez más
a ešte raz objal svoju dcéru
"Estoy casi muerto de miedo"
"Som takmer na smrť vystrašený"
"Créeme, será mejor que regreses"
"ver mi, radšej sa vráť"
"déjame quedarme aquí, en tu lugar"
"nechaj ma zostať tu namiesto teba"
—No, padre —dijo Bella con tono decidido.
„Nie, otec," povedala kráska rezolútnym tónom
"Partirás mañana por la mañana"
"zajtra ráno vyrazíš"
"déjame al cuidado y protección de la providencia"
"nechaj ma do starostlivosti a ochrany prozreteľnosti"
Aún así se fueron a la cama
napriek tomu išli spať
Pensaron que no cerrarían los ojos en toda la noche.
mysleli si, že celú noc nezavrú oči
pero justo cuando se acostaron se durmieron
ale keď si ľahli, spali
Bella soñó que una bella dama se acercó y le dijo:
kráska snívala, že prišla pekná dáma a povedala jej:
"Estoy contento, bella, con tu buena voluntad"
"Som spokojný, kráska, s tvojou dobrou vôľou"
"Esta buena acción tuya no quedará sin recompensa"
"tento tvoj dobrý čin nezostane bez odmeny"
Bella se despertó y le contó a su padre su sueño.
kráska sa zobudila a povedala otcovi svoj sen

El sueño ayudó a consolarlo un poco.
sen ho trochu utešil
Pero no pudo evitar llorar amargamente mientras se marchaba.
ale pri odchode sa neubránil trpkému plaču
Tan pronto como se fue, Bella se sentó en el gran salón y lloró también.
len čo bol preč, kráska si sadla do veľkej sály a rozplakala sa tiež
Pero ella decidió no sentirse inquieta.
ale rozhodla sa, že nebude nepokojná
Ella decidió ser fuerte por el poco tiempo que le quedaba de vida.
rozhodla sa, že bude silná na to málo času, ktorý jej zostával žiť
Porque creía firmemente que la bestia la comería.
pretože pevne verila, že ju zver zožerie
Sin embargo, pensó que también podría explorar el palacio.
myslela si však, že by mohla preskúmať aj palác
y ella quería ver el hermoso castillo
a chcela si prezrieť nádherný hrad
Un castillo que no pudo evitar admirar.
hrad, ktorý nemohla neobdivovať
Era un palacio deliciosamente agradable.
bol to nádherne príjemný palác
y ella se sorprendió muchísimo al ver una puerta
a bola veľmi prekvapená, keď videla dvere
Y sobre la puerta estaba escrito que era su habitación.
a nad dverami bolo napísané, že je to jej izba
Ella abrió la puerta apresuradamente
rýchlo otvorila dvere
y ella quedó completamente deslumbrada con la magnificencia de la habitación.
a bola celkom oslnená veľkoleposťou miestnosti
Lo que más le llamó la atención fue una gran biblioteca.
čo upútalo jej pozornosť, bola veľká knižnica

Un clavicémbalo y varios libros de música.
čembalo a niekoľko hudobných kníh
"Bueno", se dijo a sí misma.
"No," povedala si pre seba
"Veo que la bestia no dejará que mi tiempo cuelgue pesadamente"
"Vidím, že beštia nenechá môj čas visieť na váhe"
Entonces reflexionó sobre su situación.
potom sa zamyslela nad svojou situáciou
"Si me hubiera quedado un día, todo esto no estaría aquí"
"Keby som mal zostať jeden deň, toto všetko by tu nebolo"
Esta consideración le inspiró nuevo coraje.
táto úvaha ju inšpirovala sviežou odvahou
y tomó un libro de su nueva biblioteca
a vzala si knihu zo svojej novej knižnice
y leyó estas palabras en letras doradas:
a prečítala tieto slová zlatými písmenami:
"Bienvenida Bella, destierra el miedo"
"Vitaj kráska, zažeň strach"
"Eres reina y señora aquí"
"Tu si kráľovná a milenka"
"Di tus deseos, di tu voluntad"
"Povedz svoje želania, povedz svoju vôľu"
"Aquí la obediencia rápida cumple tus deseos"
"Rýchla poslušnosť tu spĺňa vaše želania"
"¡Ay!", dijo ella con un suspiro.
"Bohužiaľ," povedala s povzdychom
"Lo que más deseo es ver a mi pobre padre"
"Najviac si prajem vidieť svojho nebohého otca."
"y me gustaría saber qué está haciendo"
"a rád by som vedel, čo robí"
Tan pronto como dijo esto se dio cuenta del espejo.
Hneď ako to povedala, zbadala zrkadlo
Para su gran asombro, vio su propia casa en el espejo.
na svoje veľké počudovanie uvidela v zrkadle svoj vlastný domov

Su padre llegó emocionalmente agotado.
jej otec prišiel emocionálne vyčerpaný
Sus hermanas fueron a recibirlo
jej sestry mu išli v ústrety
A pesar de sus intentos de parecer tristes, su alegría era visible.
napriek ich pokusom pôsobiť smutne, ich radosť bola viditeľná
Un momento después todo desapareció
po chvíli všetko zmizlo
Y las aprensiones de Bella también desaparecieron.
a zmizli aj obavy z krásy
porque sabía que podía confiar en la bestia
lebo vedela, že tej šelme môže dôverovať
Al mediodía encontró la cena lista.
Na poludnie našla pripravenú večeru
Ella se sentó a la mesa
sama si sadla za stôl
y se entretuvo con un concierto de música
a zabávala sa hudobným koncertom
Aunque no podía ver a nadie
hoci nikoho nevidela
Por la noche se sentó a cenar otra vez
v noci si zasa sadla k večeri
Esta vez escuchó el ruido que hizo la bestia.
tentoraz počula hluk, ktorý zviera vydávalo
y ella no pudo evitar estar aterrorizada
a neubránila sa strachu
"belleza", dijo el monstruo
"krása," povedal netvor
"¿Me permites comer contigo?"
"dovolíš mi jesť s tebou?"
"Haz lo que quieras", respondió Bella temblando.
"Urob si, ako chceš," chvejúc sa odpovedala kráska
"No", respondió la bestia.
"Nie," odpovedalo zviera

"Sólo tú eres la señora aquí"
"ty jediná si tu milenka"
"Puedes despedirme si soy problemático"
"môžeš ma poslať preč, ak ti budem robiť problémy"
"Despídeme y me retiraré inmediatamente"
"pošlite ma preč a ja sa okamžite stiahnem"
-Pero dime, ¿no te parece que soy muy fea?
"Ale povedz mi, nemyslíš si, že som veľmi škaredá?"
"Eso es verdad", dijo Bella.
"To je pravda," povedala kráska
"No puedo decir una mentira"
"Nemôžem klamať"
"Pero creo que tienes muy buen carácter"
"Ale verím, že máš veľmi dobrú povahu"
"Sí, lo soy", dijo el monstruo.
"Som naozaj," povedal netvor
"Pero aparte de mi fealdad, tampoco tengo sentido"
"Ale okrem mojej škaredosti nemám ani rozum"
"Sé muy bien que soy una criatura tonta"
"Veľmi dobre viem, že som hlúpe stvorenie."
—No es ninguna locura pensar así —replicó Bella.
"Nie je to znak hlúposti, keď si to myslíš," odpovedala kráska
"Come entonces, bella", dijo el monstruo.
„Tak sa najedz, kráska," povedal netvor
"Intenta divertirte en tu palacio"
"skús sa zabaviť vo svojom paláci"
"Todo aquí es tuyo"
"všetko tu je tvoje"
"Y me sentiría muy incómodo si no fueras feliz"
"A bol by som veľmi znepokojený, keby si nebol šťastný."
-Eres muy servicial -respondió Bella.
"Si veľmi ústretový," odpovedala kráska
"Admito que estoy complacido con su amabilidad"
"Priznávam, že ma teší tvoja láskavosť"
"Y cuando considero tu bondad, apenas noto tus deformidades"

"A keď zvážim tvoju láskavosť, sotva si všimol tvoje deformácie."
"Sí, sí", dijo la bestia, "mi corazón es bueno".
„Áno, áno," povedala šelma, „moje srdce je dobré
"Pero aunque soy bueno, sigo siendo un monstruo"
"ale hoci som dobrý, stále som monštrum"
"Hay muchos hombres que merecen ese nombre más que tú"
"Je veľa mužov, ktorí si toto meno zaslúžia viac ako ty."
"Y te prefiero tal como eres"
"a mám ťa radšej takého aký si"
"y te prefiero más que a aquellos que esconden un corazón ingrato"
"a mám ťa radšej ako tých, čo skrývajú nevďačné srdce"
"Si tuviera algo de sentido común", respondió la bestia.
"Keby som mal aspoň trochu rozumu," odpovedalo zviera
"Si tuviera sentido común, te haría un buen cumplido para agradecerte"
"Keby som mal rozum, urobil by som pekný kompliment, aby som ti poďakoval"
"Pero soy tan aburrida"
"ale ja som taký tupý"
"Sólo puedo decir que le estoy muy agradecido"
"Môžem len povedať, že som ti veľmi zaviazaný"
Bella comió una cena abundante
kráska zjedla výdatnú večeru
y ella casi había superado su miedo al monstruo
a takmer porazila svoj strach z monštra
Pero ella quería desmayarse cuando la bestia le hizo la siguiente pregunta.
no chcela omdlieť, keď sa jej zver spýtal ďalšiu otázku
"Belleza, ¿quieres ser mi esposa?"
"Kráska, budeš moja žena?"
Ella tardó un tiempo antes de poder responder.
chvíľu jej trvalo, kým mohla odpovedať
Porque tenía miedo de hacerlo enojar
lebo sa bála, že ho nahnevá

Al final, sin embargo, dijo: "No, bestia".
nakoniec však povedala "nie, zviera"
Inmediatamente el pobre monstruo silbó muy espantosamente.
vzápätí úbohá obluda veľmi desivo zasyčala
y todo el palacio hizo eco
a celý palác sa ozýval
Pero Bella pronto se recuperó de su susto.
no kráska sa čoskoro spamätala zo svojho strachu
porque la bestia volvió a hablar con voz triste
pretože šelma opäť prehovorila žalostným hlasom
"Entonces adiós, belleza"
"tak zbohom kráska"
y sólo se volvía de vez en cuando
a len občas sa otočil
mirarla mientras salía
aby sa na ňu pozrel, keď vychádzal
Ahora Bella estaba sola otra vez
teraz bola kráska opäť sama
Ella sintió mucha compasión
cítila veľký súcit
"Ay, es una lástima"
"Bohužiaľ, je to tisíc žiaľ"
"algo tan bueno no debería ser tan feo"
"niečo také dobré by nemalo byť také škaredé"
Bella pasó tres meses muy contenta en palacio.
kráska strávila tri mesiace veľmi spokojne v paláci
Todas las noches la bestia le hacía una visita.
každý večer ju navštívila šelma
y hablaron durante la cena
a rozprávali sa počas večere
Hablaban con sentido común
rozprávali zdravým rozumom
Pero no hablaban con lo que la gente llama ingenio.
ale nehovorili s tým, čo ľudia nazývajú vtipom
Bella siempre descubre algún carácter valioso en la bestia.

kráska vždy objavila v zveri nejaký hodnotný charakter
y ella se había acostumbrado a su deformidad
a na jeho deformáciu si už zvykla
Ella ya no temía el momento de su visita.
už sa nebála času jeho návštevy
Ahora a menudo miraba su reloj.
teraz často pozerala na hodinky
y ella no podía esperar a que fueran las nueve en punto
a nevedela sa dočkať, kedy bude deväť hodín
Porque la bestia nunca dejaba de venir a esa hora
pretože šelma nikdy nezmeškala príchod v tú hodinu
Sólo había una cosa que preocupaba a Bella.
krása sa týkala len jednej veci
Todas las noches antes de irse a dormir la bestia le hacía la misma pregunta.
každú noc predtým, ako išla spať, sa jej zviera pýtalo rovnakú otázku
El monstruo le preguntó si sería su esposa.
netvor sa jej spýtal, či bude jeho manželkou
Un día ella le dijo: "bestia, me pones muy nerviosa"
jedného dňa mu povedala: "beštia, veľmi ma znepokojuješ"
"Me gustaría poder consentir en casarme contigo"
"Prial by som si, aby som súhlasil, aby som si ťa vzal"
"Pero soy demasiado sincero para hacerte creer que me casaría contigo"
"ale som príliš úprimný na to, aby som ťa prinútil veriť, že si ťa vezmem"
"nuestro matrimonio nunca se realizará"
"naše manželstvo nikdy nevznikne"
"Siempre te veré como un amigo"
"Vždy ťa uvidím ako priateľa"
"Por favor, trate de estar satisfecho con esto"
"Prosím, skúste sa s tým uspokojiť"
"Debo estar satisfecho con esto", dijo la bestia.
"Musím sa s tým uspokojiť," povedala zver
"Conozco mi propia desgracia"

"Poznám svoje vlastné nešťastie"
"pero te amo con el más tierno cariño"
"ale milujem ťa tou najnežnejšou láskou"
"Sin embargo, debo considerarme feliz"
"Mal by som sa však považovať za šťastný"
"Y me alegraría que te quedaras aquí"
"A mal by som byť šťastný, že tu zostaneš."
"Prométeme que nunca me dejarás"
"sľúb mi, že ma nikdy neopustíš"
Bella se sonrojó ante estas palabras.
krása sa pri týchto slovách začervenala
Un día Bella se estaba mirando en el espejo.
jedného dňa sa kráska pozerala do zrkadla
Su padre se había preocupado muchísimo por ella.
jej otec mal o ňu strach
Ella anhelaba verlo de nuevo más que nunca.
túžila ho znova vidieť viac ako kedykoľvek predtým
"Podría prometerte que nunca te abandonaré por completo"
"Mohol by som sľúbiť, že ťa nikdy úplne neopustím"
"Pero tengo un deseo tan grande de ver a mi padre"
"Ale ja mám takú veľkú túžbu vidieť svojho otca"
"Me molestaría muchísimo si dijeras que no"
"Bol by som neskutočne naštvaný, keby si povedal nie"
"Preferiría morir yo mismo", dijo el monstruo.
"Radšej som zomrel sám," povedal netvor
"Prefiero morir antes que hacerte sentir incómodo"
"Radšej by som zomrel, než aby si sa cítil nepokojne"
"Te enviaré con tu padre"
"Pošlem ťa k tvojmu otcovi"
"permanecerás con él"
"zostaneš s ním"
"y esta desafortunada bestia morirá de pena en su lugar"
"a toto nešťastné zviera namiesto toho zomrie smútkom"
"No", dijo Bella, llorando.
"Nie," povedala kráska s plačom
"Te amo demasiado para ser la causa de tu muerte"

"Milujem ťa príliš na to, aby som bol príčinou tvojej smrti"
"Te doy mi promesa de regresar en una semana"
"Sľubujem ti, že sa vrátim o týždeň."
"Me has demostrado que mis hermanas están casadas"
"Ukázal si mi, že moje sestry sú vydaté"
"y mis hermanos se han ido al ejército"
"a moji bratia odišli do armády"
"déjame quedarme una semana con mi padre, ya que está solo"
"Nechaj ma zostať týždeň s otcom, pretože je sám."
"Estarás allí mañana por la mañana", dijo la bestia.
"Budeš tam zajtra ráno," povedala beštia
"pero recuerda tu promesa"
"ale pamätaj na svoj sľub"
"Solo tienes que dejar tu anillo sobre una mesa antes de irte a dormir"
"Pred spaním stačí položiť prsteň na stôl."
"Y luego serás traído de regreso antes de la mañana"
"a potom ťa privedú späť pred ránom"
"Adiós querida belleza", suspiró la bestia.
„Zbohom milá kráska," vzdychla zver
Bella se fue a la cama muy triste esa noche.
kráska išla tej noci spať veľmi smutná
Porque no quería ver a la bestia tan preocupada.
pretože nechcela vidieť zver tak ustaranú
A la mañana siguiente se encontró en la casa de su padre.
na druhý deň ráno sa ocitla v dome svojho otca
Ella hizo sonar una campanita junto a su cama.
zazvonila na zvonček pri jej posteli
y la criada dio un grito fuerte
a slúžka hlasno skríkla
y su padre corrió escaleras arriba
a jej otec vybehol hore
Él pensó que iba a morir de alegría.
myslel si, že zomrie od radosti
La sostuvo en sus brazos durante un cuarto de hora.

držal ju v náručí štvrť hodiny
Finalmente los primeros saludos terminaron.
nakoniec prvé pozdravy skončili
Bella empezó a pensar en levantarse de la cama.
kráska začala myslieť na to, že vstane z postele
pero se dio cuenta de que no había traído ropa
ale uvedomila si, že si nepriniesla žiadne oblečenie
pero la criada le dijo que había encontrado una caja
ale chyžná jej povedala, že našla krabicu
El gran baúl estaba lleno de vestidos y batas.
veľký kufor bol plný šiat a šiat
Cada vestido estaba cubierto de oro y diamantes.
každá róba bola pokrytá zlatom a diamantmi
Bella agradeció a la Bestia por su amable atención.
kráska poďakovala zvieraťu za jeho láskavú starostlivosť
y tomó uno de los vestidos más sencillos
a vzala si jedny z najobyčajnejších šiat
Ella tenía la intención de regalar los otros vestidos a sus hermanas.
ostatné šaty zamýšľala dať sestrám
Pero ante ese pensamiento el arcón de ropa desapareció.
ale pri tej myšlienke truhla so šatami zmizla
La bestia había insistido en que la ropa era solo para ella.
beštia trvala na tom, že šaty sú len pre ňu
Su padre le dijo que ese era el caso.
otec jej povedal, že je to tak
Y enseguida volvió el baúl de la ropa.
a hneď sa kufor šiat opäť vrátil
Bella se vistió con su ropa nueva
kráska sa obliekla do nových šiat
Y mientras tanto las doncellas fueron a buscar a sus hermanas.
a medzitým išli slúžky hľadať svoje sestry
Ambas hermanas estaban con sus maridos.
obe jej sestry boli so svojimi manželmi
Pero sus dos hermanas estaban muy infelices.

ale obe jej sestry boli veľmi nešťastné
Su hermana mayor se había casado con un caballero muy guapo.
jej najstaršia sestra sa vydala za veľmi pekného pána
Pero estaba tan enamorado de sí mismo que descuidó a su esposa.
ale mal sa tak rád, že svoju ženu zanedbával
Su segunda hermana se había casado con un hombre ingenioso.
jej druhá sestra sa vydala za vtipného muža
Pero usó su ingenio para atormentar a la gente.
ale svoju dôvtipnosť použil na mučenie ľudí
Y atormentaba a su esposa sobre todo.
a najviac zo všetkého trýznil svoju manželku
Las hermanas de Bella la vieron vestida como una princesa
sestry krásy ju videli oblečenú ako princeznú
y se enfermaron de envidia
a boli chorí závisťou
Ahora estaba más bella que nunca
teraz bola krajšia ako kedykoľvek predtým
Su comportamiento cariñoso no pudo sofocar sus celos.
jej láskavé správanie nedokázalo potlačiť ich žiarlivosť
Ella les contó lo feliz que estaba con la bestia.
povedala im, aká je šťastná so šelmou
y sus celos estaban a punto de estallar
a ich žiarlivosť bola na prasknutie
Bajaron al jardín a llorar su desgracia.
Išli dole do záhrady plakať nad svojim nešťastím
"¿En qué sentido esta pequeña criatura es mejor que nosotros?"
"V čom je toto malé stvorenie lepšie ako my?"
"¿Por qué debería estar mucho más feliz?"
"Prečo by mala byť taká šťastnejšia?"
"Hermana", dijo la hermana mayor.
„Sestra," povedala staršia sestra
"Un pensamiento acaba de golpear mi mente"

"Práve ma napadla myšlienka"
"Intentemos mantenerla aquí más de una semana"
"Skúsme ju tu udržať dlhšie ako týždeň"
"Quizás esto enfurezca al tonto monstruo"
"Možno to rozzúri to hlúpe monštrum"
"porque ella hubiera faltado a su palabra"
"pretože by porušila slovo"
"y entonces podría devorarla"
"a potom ju možno zožerie"
"Esa es una gran idea", respondió la otra hermana.
"To je skvelý nápad," odpovedala druhá sestra
"Debemos mostrarle la mayor amabilidad posible"
"Musíme jej prejaviť čo najväčšiu láskavosť"
Las hermanas tomaron esta resolución
sestry si dali toto predsavzatie
y se comportaron con mucho cariño con su hermana
a k sestre sa správali veľmi láskavo
La pobre belleza lloró de alegría por toda su bondad.
úbohá kráska plakala od radosti zo všetkej ich dobroty
Cuando la semana se cumplió, lloraron y se arrancaron el pelo.
keď uplynul týždeň, plakali a trhali si vlasy
Parecían muy apenados por separarse de ella.
zdalo sa, že je im ľúto, že sa s ňou rozlúčili
y Bella prometió quedarse una semana más
a kráska sľúbila, že zostane o týždeň dlhšie
Mientras tanto, Bella no pudo evitar reflexionar sobre sí misma.
Kráska sa medzitým nemohla ubrániť reflexii samej seba
Ella se preocupaba por lo que le estaba haciendo a la pobre bestia.
bála sa, čo robí úbohej beštii
Ella sabía que lo amaba sinceramente.
vie, že ho úprimne miluje
Y ella realmente anhelaba verlo otra vez.
a veľmi túžila ho znova vidieť

La décima noche también la pasó en casa de su padre.
desiatu noc strávila aj u otca
Ella soñó que estaba en el jardín del palacio.
snívalo sa jej, že je v palácovej záhrade
y soñó que veía a la bestia extendida sobre la hierba
a snívalo sa jej, že videla zviera vytiahnuté na tráve
Parecía reprocharle con voz moribunda
zdalo sa, že jej umierajúcim hlasom vyčítal
y la acusó de ingratitud
a obvinil ju z nevďačnosti
Bella se despertó de su sueño.
kráska sa prebudila zo spánku
y ella estalló en lágrimas
a rozplakala sa
"¿No soy muy malvado?"
"Nie som veľmi zlý?"
"¿No fue cruel de mi parte actuar tan cruelmente con la bestia?"
"Nebolo odo mňa kruté správať sa tak neláskavo k tomu zvieraťu?"
"La bestia hizo todo lo posible para complacerme"
"beštia urobila všetko preto, aby ma potešila"
-¿Es culpa suya que sea tan feo?
"Je to jeho chyba, že je taký škaredý?"
¿Es culpa suya que tenga tan poco ingenio?
"Je to jeho chyba, že má tak málo rozumu?"
"Él es amable y bueno, y eso es suficiente"
"Je milý a dobrý a to stačí"
"¿Por qué me negué a casarme con él?"
"Prečo som si ho odmietla vziať?"
"Debería estar feliz con el monstruo"
"Mal by som byť šťastný s monštrom"
"Mira los maridos de mis hermanas"
"pozri na manželov mojich sestier"
"ni el ingenio ni la belleza los hacen buenos"
"ani vtip, ani pekná bytosť ich nerobia dobrými"

"Ninguno de sus maridos las hace felices"
"ani jeden z ich manželov ich nerobí šťastnými"
"pero virtud, dulzura de carácter y paciencia"
"ale cnosť, láskavosť a trpezlivosť"
"Estas cosas hacen feliz a una mujer"
"tieto veci robia ženu šťastnou"
"y la bestia tiene todas estas valiosas cualidades"
"a zviera má všetky tieto cenné vlastnosti"
"Es cierto; no siento la ternura del afecto por él"
"Je to pravda; necítim k nemu nežnosť náklonnosti"
"Pero encuentro que tengo la más alta gratitud por él"
"Ale zistil som, že som zaňho najviac vďačný."
"y tengo por él la más alta estima"
"a najviac si ho vážim"
"y él es mi mejor amigo"
"a on je môj najlepší priateľ"
"No lo haré miserable"
"Neurobím ho nešťastným"
"Si fuera tan desagradecido nunca me lo perdonaría"
"Keby som bol taký nevďačný, nikdy by som si to neodpustil"
Bella puso su anillo sobre la mesa.
kráska položila prsteň na stôl
y ella se fue a la cama otra vez
a opäť išla spať
Apenas estaba en la cama cuando se quedó dormida.
málo bola v posteli, kým zaspala
Ella se despertó de nuevo a la mañana siguiente.
na druhý deň ráno sa opäť zobudila
Y ella estaba muy contenta de encontrarse en el palacio de la bestia.
a bola nesmierne šťastná, že sa ocitla v paláci šelmy
Ella se puso uno de sus vestidos más bonitos para complacerlo.
obliekla si jedny zo svojich najkrajších šiat, aby ho potešila
y ella esperó pacientemente la tarde
a trpezlivo čakala na večer

llegó la hora deseada
prišla vytúžená hodina
El reloj dio las nueve, pero ninguna bestia apareció
hodiny odbili deviatu, ale žiadne zviera sa neobjavilo
Bella entonces temió haber sido la causa de su muerte.
kráska sa vtedy bála, že bola príčinou jeho smrti
Ella corrió llorando por todo el palacio.
s plačom behala po celom paláci
Después de haberlo buscado por todas partes, recordó su sueño.
keď ho všade hľadala, spomenula si na svoj sen
y ella corrió hacia el canal en el jardín
a rozbehla sa ku kanálu v záhrade
Allí encontró a la pobre bestia tendida.
tam našla úbohú zver natiahnutú
y estaba segura de que lo había matado
a bola si istá, že ho zabila
Ella se arrojó sobre él sin ningún temor.
vrhla sa na neho bez akéhokoľvek strachu
Su corazón todavía latía
jeho srdce stále bilo
Ella fue a buscar un poco de agua al canal.
nabrala trochu vody z kanála
y derramó el agua sobre su cabeza
a vyliala mu vodu na hlavu
La bestia abrió los ojos y le habló a Bella.
šelma otvorila oči a prihovorila sa kráske
"Olvidaste tu promesa"
"Zabudol si na svoj sľub"
"Me rompió el corazón haberte perdido"
"Bolo mi tak zlomené srdce, že som ťa stratil"
"Resolví morirme de hambre"
"Rozhodol som sa hladovať"
"pero tengo la felicidad de verte una vez más"
"ale mám to šťastie, že ťa ešte raz vidím"
"Así tengo el placer de morir satisfecho"

"Takže mám to potešenie zomrieť spokojný"
"No, querida bestia", dijo Bella, "no debes morir".
"Nie, drahé zviera," povedala kráska, "nesmieš zomrieť"
"Vive para ser mi marido"
"Žiť ako môj manžel"
"Desde este momento te doy mi mano"
"od tejto chvíle ti podávam ruku"
"Y juro no ser nadie más que tuyo"
"a prisahám, že nebudem nikto iný ako tvoj"
"¡Ay! Creí que sólo tenía una amistad para ti"
"Bohužiaľ! Myslel som, že mám pre teba len priateľstvo."
"Pero el dolor que ahora siento me convence;"
"ale smútok, ktorý teraz cítim, ma presvedčil."
"No puedo vivir sin ti"
"Nemôžem žiť bez teba"
Bella apenas había dicho estas palabras cuando vio una luz.
kráska sotva povedala tieto slová, keď uvidela svetlo
El palacio brillaba con luz
palác žiaril svetlom
Los fuegos artificiales iluminaron el cielo
ohňostroj rozžiaril oblohu
y el aire se llenó de música
a vzduch naplnený hudbou
Todo daba aviso de algún gran acontecimiento
všetko naznačovalo nejakú veľkú udalosť
Pero nada podía captar su atención.
ale nič nedokázalo udržať jej pozornosť
Ella se volvió hacia su querida bestia.
obrátila sa k svojej drahej zveri
La bestia por la que ella temblaba de miedo
šelma, pre ktorú sa triasla od strachu
¡Pero su sorpresa fue grande por lo que vio!
ale jej prekvapenie bolo veľké z toho, čo videla!
La bestia había desaparecido
zver zmizol
En cambio, vio al príncipe más encantador.

namiesto toho videla toho najkrajšieho princa
Ella había puesto fin al hechizo.
ukončila kúzlo
Un hechizo bajo el cual se parecía a una bestia.
kúzlo, pod ktorým sa podobal na šelmu
Este príncipe era digno de toda su atención.
tento princ bol hodný všetkej jej pozornosti
Pero no pudo evitar preguntar dónde estaba la bestia.
no nedalo sa nespýtať, kde je tá zver
"Lo ves a tus pies", dijo el príncipe.
„Vidíš ho pri nohách," povedal princ
"Un hada malvada me había condenado"
"Zlá víla ma odsúdila"
"Debía permanecer en esa forma hasta que una hermosa princesa aceptara casarse conmigo"
"Mal som zostať v tejto forme, kým krásna princezná nesúhlasí, že si ma vezme."
"El hada ocultó mi entendimiento"
"Víla skryla moje pochopenie"
"Fuiste el único lo suficientemente generoso como para quedar encantado con la bondad de mi temperamento".
"Bol si jediný dostatočne veľkorysý na to, aby si bol očarený dobrotou mojej povahy."
Bella quedó felizmente sorprendida
kráska bola šťastne prekvapená
Y le dio la mano al príncipe encantador.
a podala pôvabnému princovi ruku
Entraron juntos al castillo
šli spolu do hradu
Y Bella se alegró mucho al encontrar a su padre en el castillo.
a kráska bola nesmierne šťastná, keď našla svojho otca v zámku
y toda su familia estaba allí también
a bola tam aj celá jej rodina
Incluso Bella dama que apareció en su sueño estaba allí.
bola tam aj krásna dáma, ktorá sa jej objavila vo sne

"Belleza", dijo la dama del sueño.
„krása," povedala pani zo sna
"ven y recibe tu recompensa"
"príď a získaj svoju odmenu"
"Has preferido la virtud al ingenio o la apariencia"
"uprednostňuješ cnosť pred vtipom alebo vzhľadom"
"Y tú mereces a alguien en quien se unan estas cualidades"
"a zaslúžiš si niekoho, v kom sú tieto vlastnosti spojené"
"vas a ser una gran reina"
"budeš veľkou kráľovnou"
"Espero que el trono no disminuya vuestra virtud"
"Dúfam, že trón nezmenší tvoju cnosť"
Entonces el hada se volvió hacia las dos hermanas.
potom sa víla obrátila k dvom sestrám
"He visto dentro de vuestros corazones"
"Videl som do tvojich sŕdc"
"Y sé toda la malicia que contienen vuestros corazones"
"a viem, že všetka zloba obsahuje tvoje srdcia"
"Ustedes dos se convertirán en estatuas"
"vy dvaja sa stanete sochami"
"pero mantendréis vuestras mentes"
"ale zachovaj si rozum"
"estarás a las puertas del palacio de tu hermana"
"Budeš stáť pri bránach paláca svojej sestry"
"La felicidad de tu hermana será tu castigo"
"šťastie tvojej sestry bude tvojím trestom"
"No podréis volver a vuestros antiguos estados"
"nebudeš sa môcť vrátiť do svojich bývalých štátov"
"A menos que ambos admitan sus errores"
"pokiaľ si obaja nepriznáte svoje chyby"
"Pero preveo que siempre permaneceréis como estatuas"
"Ale predpokladám, že vždy zostanete sochami."
"El orgullo, la ira, la gula y la ociosidad a veces se vencen"
"pýcha, hnev, obžerstvo a nečinnosť sú niekedy porazené"
" pero la conversión de las mentes envidiosas y maliciosas son milagros"

" ale obrátenie závistivých a zlomyseľných myslí sú zázraky"
Inmediatamente el hada dio un golpe con su varita.
hneď víla pohladila prútikom
Y en un momento todos los que estaban en el salón fueron transportados.
a o chvíľu sa previezli všetci, čo boli v sále
Habían entrado en los dominios del príncipe.
vošli do kniežacích panstiev
Los súbditos del príncipe lo recibieron con alegría.
princovi poddaní ho prijali s radosťou
El sacerdote casó a Bella y la bestia
kňaz sa oženil s kráskou a zvieraťom
y vivió con ella muchos años
a prežil s ňou mnoho rokov
y su felicidad era completa
a ich šťastie bolo úplné
porque su felicidad estaba fundada en la virtud
pretože ich šťastie bolo založené na cnosti

El fin
Koniec

www.tranzlaty.com

www.ingramcontent.com/pod-product-compliance
Lightning Source LLC
Chambersburg PA
CBHW011555070526
44585CB00023B/2605